Las abejas trabajan juntas

Trabajar en equipo

Reggie Harper

COMPUTACIÓN CIENTÍFICA EN EL MUNDO REAL™

Rosen Classroom™

Las tareas se realizan más rápido cuando se trabaja en equipo. Mira a las abejas ¡Las abejas son expertas del trabajo en equipo!

Las abejas viven juntas y forman colonias. Las colonias viven a su vez en colmenas.

Cada abeja tiene un trabajo especial. Debe hacer su trabajo lo mejor posible por el bien de su colonia.

Toda colonia tiene una abeja reina. Es la abeja más grande. El trabajo de la reina es poner huevos.

¿Has visto una abeja alguna vez? Probablemente era una obrera. Las obreras están ocupadas todo el día.

Las abejas obreras vuelan por todas partes buscando comida. Recogen un polvo amarillo de las flores llamado polen.

Las abejas obreras llevan a casa polen y néctar. El néctar es un líquido dulce que se encuentra en las flores.

Ciertas obreras construyen la colmena, donde viven la reina, los trabajadores y otras abejas llamadas zánganos.

Las obreras se encargan de mantener la colmena limpia y segura. También cuidan a las abejas recién nacidas.

Las abejas conocen el poder del trabajo en equipo. La reina y las obreras trabajan en común para mantener la colonia viva.

Palabras que debes aprender

(la) colmena

(el) néctar

(el) polen

(la) abeja reina